¿tont@...o ...victim@?

Rocio Prieto

PRÓLOGO

Te has sentido como tont@ cuando te dicen que ¿por qué te pidió que te cambiaras de ropa y le hiciste caso?

¿por qué has dejado de ver a tus amigos?

¿por qué te peleaste con tu familia?

Que eres una tonta por hacerle caso o tonto, porque el maltrato psicológico se da tanto en hombres como en mujeres, aunque el hombre es el que menos lo denuncia por vergüenza o porque le es difícil aceptar que es maltratado. Como usualmente se habla del maltrato hacia la mujer, quizás el hombre no se atreve a denunciar, pero el maltrato psicológico se da tanto entre hombres como entre mujeres.

Y te preguntas si realmente eres tont@ o si estás muy enamorad@ o si el amor te ha hecho tan débil, pero no te has dado cuenta de que eres una víctima y en estas páginas a lo largo de las historias reales que vamos a presentar, a lo mejor te identificas con alguna y te das cuenta de que no eres tont@ simplemente que caíste en las manos de un narcisista, de un maltratador y ésta es su forma de manipular

Agradecimientos:

Agradezco a mi mami q.e.p.d. por enseñarme valores y por su apoyo en todo momento, a mis hijos, hermanas y hermanos, por sus consejos, apoyo y por ser mi circulo de confianza siempre, a todas esas personas que a lo largo de mi vida han aparecido con una palabra de consuelo o un buen consejo y estaban ayudándome aun sin ellas saberlo.

También agradezco a los maltratadores de estas historias, ya que, sin esa experiencia vivida, no habría podido escribir este libro y tampoco hubiera podido expresar y plasmar las emociones que se viven como víctima.

Agradezco a Aranza López Balleza por captar la idea y el sentimiento en mi boceto de la portada y diseñarla tan profesional

Capítulo 1 Manipulador

La manera en que un manipulador te envuelve es como si fuera una telaraña, te empieza a enredar cada vez más, empiezas a justificar todas sus acciones, todas sus palabras, todos sus actos, sus juegos mentales y te empieza a enredar tanto, que ya no sabes cómo salir.

Además, el miedo se empieza a apoderar de ti y no te atreves a hablar con nadie, porque sientes que te van a juzgar, porque te van a decir que eres tont@ pero no... debes pedir ayuda porque de otra manera no vas a poder salir y si sigues en esa en esa relación además de perder toda tu autoestima, se puede complicar a tal grado que puedes perder hasta tu vida.

No es un juego, no es algo de qué avergonzarse, aunque eso es lo que te hace sentir, que tú eres la tonta, la que provoca las situaciones, la que hace que todo esté mal, pero la realidad es que esto es solo parte de su manipulación y eso lo hace para que te empieces a alejar de todos y de todo, que no pidas ayuda y que solo dependas de esa persona.

Conozco eso muy bien, pues la mayor parte de mi vida fui una mujer que vivió diferentes experiencias con maltratadores y fui victima creyendo que era tonta, hasta que el efecto nocivo sobre mi salud física y emocional fue tan severo que me vi forzada a examinar a fondo mi forma de relacionarme con los hombres. He pasado los últimos años trabajando mucho para cambiar ese patrón.

Para poder salir de esa situación, a lo largo de estas páginas te daré pasos a seguir y consejos, que te ayudaran a tomar la decisión correcta, a sanar y poder tener una relación sana en tu vida. Necesitas tener un círculo de confianza que puede ser tu familia, tus amigos, un vecino, un centro de ayuda, un psicólogo, alguien con quien tú te sientas a gusto de poder platicar y de permitir que te ayude y de verdad hazlo, porque desgraciadamente no sólo te perjudica tu vida, sino que si no haces terapia, si no ves a un profesional una vez que hayas salido de esa relación, vas a caer de nueva cuenta en otra relación igual, por eso nos preguntamos por qué siempre terminamos con el mismo tipo de persona.

Es porque no hemos trabajado el daño que nos hicieron, porque no hemos podido reparar las heridas que nos dejaron, porque tenemos esperanza de que sea una relación diferente, de que esta persona te entienda, que te sientas protegida, que te ayude a salir adelante, pero estás tan vulnerable que caes y caes otra vez con una persona narcisista, maltratadora por qué lo que buscan en sus víctimas, son personas que estén vulnerables ,que sean fáciles de manipular, de convencer, de conquistar con detalles, con palabras, al principio claro, porque ya cuando estás en medio de la telaraña ya no recibes ni atención, ni detalles, ni bonitas palabras.
Los narcisistas son personas que tienen un trastorno de personalidad caracterizado por una gran necesidad de admiración y una falta de empatía hacia los demás.

Una persona narcisista pretende dominar, conquistar y ganar una discusión, siempre lo hace a costa del bienestar de la persona con la que tiene el conflicto
A veces minimiza su comportamiento tóxico para confundirte. Por ejemplo "No te grité, solo fui un apasionado" o si le reclamas su abuso "Esto no es abusivo ni manipulador, solo estoy siendo asertivo y honesto"

Los narcisistas, sin embargo, discuten con saña y mala fe, ni siquiera les importa o tratan de entender a la otra persona, o lo que es peor, están dedicados a malinterpretar deliberadamente a los demás, a menudo hasta el absurdo.

Dichos métodos incluyen provocar e intimidar, donde el narcisista usa un lenguaje verbal elevado en el tono y la forma, agrede gritando y actúa de manera emocionalmente violenta, deliberadamente intenta hacerte daño, descaradamente miente, amenaza o incluso te ataca físicamente.

No solo eso, luego le dan vueltas presentándolo como si tú eres el que es irracional, demasiado emocional y agresivo en contra de ellos.

La violencia en las relaciones de pareja tiene un ciclo, es un círculo vicioso, del cual si caes en él es aún más complicado salir, cada fase corresponde a una serie de acciones, sentimientos y emociones que son las que provoca una relación toxica.

La repetición de estos ciclos hacia una persona favorece que se mantenga con la pareja que la violenta.

Mientras tiene lugar la violencia, la persona sufre una disociación cognitiva, acompañada de un sentimiento de incredulidad, de que eso esté sucediendo realmente; esto iría seguido de un colapso emocional, similar al experimentado por víctimas de secuestros o desastres.

Este colapso se acompaña de inactividad, depresión, ansiedad, autoculpabilidad y sentimientos de indefensión.

De modo sencillo se podría decir que es una interacción de pareja donde al menos uno de ellos sufre y se esfuerza por convencerse a sí mismo de que, a pesar de esto, es posible seguir adelante.

Capítulo 2 cómo actúa

El maltratador realiza algo similar al experimento de Pávlov* te dan amor, atenciones, detalles, cariño, te dan dulzura y después te lo quitan, luego te lo vuelven a dar, luego pasa un tiempo te lo vuelven a quitar·,cada vez te cuesta más trabajo regresar a ese punto donde te dan ese amor y ese cariño esos detalles y llega un momento en que te haces dependiente de eso y cada vez lo deseas más, es un juego psicológico que te vuelve loca y allí es donde empieza a entrar la culpabilidad y que es por tu culpa que ya ha dejado de tener esos detalles porque te dice que tu actitud o lo que dijiste o lo que hiciste o por cómo te vistes o porque encontraste a un amigo o porque hablaste con tus amigas, es lo que ha provocado ese problema y entonces por eso ya no puede seguir dándote ese cariño esos detalles que tú estás esperando y entonces tratas de evitar hacer esas cosas, para que vuelva a darse ese cariño

_*este tipo de aprendizaje es que implica respuestas automáticas o reflejas, no conductas voluntarias, John Watson propuso que el proceso de Condicionamiento clásico podía explicar también el aprendizaje en los humanos, pensó que las emociones también se aprendían mediante la asociación condicionada, y, de hecho, pensó que las diferencias en el comportamiento entre humanos eran provocadas por las distintas experiencias que cada uno vivía*_*

y así se va toda la relación con un juego de te doy, te quito, de manipulación total, pero tú estás tan inmerso en ese juego que no te das cuenta de que eres una víctima de esa manipulación. Actitudes negativas que no deberían existir en una relación amorosa y que pueden ayudarte a darte cuenta de que te está manipulando son:

Control y celos

A la otra persona le disgusta que te reúnas con amistades y familiares. Intenta controlar tus gastos, indaga los movimientos de tus cuentas bancarias o se molesta cuando realizas tus compras personales, irrespeta tu privacidad y revisa lo que has publicado en las redes sociales o averigua con quienes hablaste por teléfono, te planifica la vida sin tener en cuenta tu opinión o inquiere continuamente acerca de tus horarios.
Te chantajea emocionalmente y si no haces lo que desea, se enfurece contigo, te hace creer

que es sobreprotector o paternalista y no te permite compartir, en lo absoluto, con individuos del sexo opuesto.

Falta de respeto y conflicto

No aprueba tu modo de vestir, comer, caminar, etc. e intenta hacerte cambiar a como dé lugar. No valora tus cualidades, virtudes ni resultados.

Minimiza tus problemas y preocupaciones, restándoles importancia. Siempre que discuten, por cualquier razón, tú cedes o de lo contrario deja de hablarte. Te responsabiliza de todo lo malo en su ámbito laboral o contacto con otros. Te recuerda interminablemente tus errores del pasado.

Se enfurece cuando comentas con otros algunas de las dificultades entre ustedes y se entera. Si intentas hablar con él o ella de ciertos temas se enoja. Te trata groseramente o hace exigencias desmedidas. Toma decisiones importantes sin considerar tu parecer y a veces hasta sin informarte.

Aspecto sexual

Tu vida íntima ya no te atrae y te "sometes" solo para evitarle un disgusto. Te obliga a hacer actividades que sabe que a ti te molestan o incomodan, física o mentalmente. Te compara de manera abierta con gente de su pasado.

Es vital que entiendas que, si antes no tuviste buenos momentos con esa persona, es improbable que lo logres en el futuro. Apóyate en la gente que te ama, amigos o parientes, y pídeles ayuda para salir adelante; especialmente, al decidir dejarle, puesto que tu amor no morirá en dos días y los primeros tiempos, sobre todo, serán muy dolorosos.

Para mantener tu salud emocional necesitas buscar ayuda psicológica profesional.

Las relaciones tóxicas dejan un rastro doloroso de culpa, confusión, cansancio y vergüenza y para curarla, toma tiempo y esfuerzo.

Además, el maltrato psicológico, deja heridas profundas que no se ven, pero que tardan mucho tiempo en cicatrizar.

Una de las causas de este tipo de relaciones es el machismo se da en hombres y mujeres con mayor o menor violencia, *un feminicidio*, no se produce solo en el instante en el que un hombre le arrebata la vida a una mujer, comienza mucho antes y con la involuntaria y anónima complicidad de todos.

El maltratador usa adjetivos como incompetente, idiota, estúpida, para criticar muchas de sus palabras y posturas y así disminuirla, empequeñecerla. Puede ser que nunca agreda físicamente, pero ejerce violencia psicológica.

En nuestra sociedad es común escuchar que los hombres y mujeres son diferentes y que por eso sus derechos no podían ser iguales, se reproducen los prejuicios, que el hombre es más racional y la mujer más sentimental, que la mujer habla demasiado, que le gustan los chismes, que los hombres son más competentes para gerenciar negocios, que hay mujeres a las que les gusta que les peguen, que los niños mal educados son por culpa de la madre, etc.

Es con esos prejuicios equivocados, que la gran mayoría hemos crecido.

Cuantos lobos con piel de cordero encontramos a diario...

A nivel mundial, el maltrato psicológico, físico, sexual y económico crece cada vez más, no hay denuncias y cuando las hay no hay una atención inmediata y eficiente, y no solo es a mujeres o niñas, también existe el maltrato a hombres, en las relaciones heterosexuales y homosexuales, a hijos, a padres, a ancianos, es por esta razón que debemos tomar medidas al alcance de nuestras manos.

Enfocándonos en lo que actualmente se conoce como el amor de pareja tóxico, que quizá pueda ayudarte a RECONOCER

¿si realmente eres tont@ o víctima?

Capítulo 3 Casos reales

Verónica* era una adolescente de 14 años, bonita, inteligente pero extremadamente inocente cuando conoció a Jaime y él inmediatamente lo supo, cuando se conocieron Verónica estaba esperando el bus para ir del colegio a casa, cuando de repente se para un coche junto a ella con un chico guapo, alto, blanco, pelo negro, ojos verdes y ella quedó embelesada cuando lo vio, él se dio cuenta bajó de su auto y se presentó, le dijo que se llamaba Fabián que tenía 22 años que estaba terminando los estudios en la universidad, que vivía en una buena zona de la ciudad, justo al lado de donde ella vivía, que si quería que la llevara a su casa.
Ella obviamente una niña de 14 años quedó impresionada porque se fijara un hombre como él en ella y aunque no acepto que la llevara ,si aceptó darle su número de teléfono, empezaron a salir, y después de un tiempo, empezaron una relación, pasado un tiempo, ella se dio cuenta que al llamar a casa de él ,escuchaba risas al preguntar por él y no entendía por qué.

Después se fue enterando que Fabián no se llamaba Fabián, se llamaba Jaime, que no tenía 22 años si no 18 años y que no había terminado la universidad sino que simplemente estaba iniciando su carrera.

Él tardó tiempo en llevarla a su casa, porque en realidad no vivía en una buena zona en la ciudad, si no que vivía en una de las peores zonas de la ciudad, sin embargo, él justifico sus mentiras diciéndole que sabía que, si le decía la verdad, ella no iba hacerle caso, cuando ella supo la verdad, ya se encontraba ilusionada y enamorada de él o al menos eso creía.

Desde que se conocieron, empezaron las mentiras, le dio una imagen diferente a la realidad, se mostraba romántico, dulce, cariñoso, la tenía emocionada e ilusionada, la hacía sentir el personaje de las historias románticas que había leído y pensaba que había encontrado a su "príncipe azul "pero la realidad es que él ya había recorrido un gran camino, tenía mucha malicia, era muy machista, celópata, controlador maltratador y muy manipulador, tristemente Verónica lo descubrió muy tarde, pues fue su primera relación, no tenía experiencia y pensaba que el trato que él tenía hacia ella, era lo normal en un noviazgo de adolescentes.

Al principio todo fue "romántico" le cantaba, le daba alguna flor, algún dibujo o detalle y la elogiaba cada vez, sin embargo, siempre le decía "tú eres mía y de nadie más" empezó con comentarios sutiles acerca de la ropa, del maquillaje, que ella usaba, hacia que lo cambiara cada vez que iban a salir.

Sus celos empezaron a aumentar cada vez más y llego un punto en que Verónica no podía voltear más que a mirar al suelo, pues si no él le reclamaba que ¿a quién veía?

Después fueron las amigas, a todas le encontraba un defecto pensando que solo iban de ligue, porque en una ocasión estando con sus amigas, se acercaron unos chicos a platicar con ellas, y uno de ellos beso a Verónica se lo conto a Jaime pues se sentía muy culpable y ... ahí empezaron las bofetadas, los insultos, le dijo que era una puta, que, si no fuera por él, no sabría como acabaría.

Obviamente le prohibió ver a sus amigas
Después fue la familia, se encargó de manipularla de tal manera que logro que se peleara con todos sus hermanos, las cosas iban de mal en peor.

Verónica le tenía terror, pues se enojaba por cualquier cosa y la golpeaba, luego llegaba muy arrepentido a decirle que no volvería a pasar, pero que no lo hiciera enojar, que era por culpa de ella que se salía de sus casillas.

En una ocasión Verónica tomó valor y le dijo que cortaban, el intento estrangularla y le dijo "si no eres mía no serás de nadie más" cuando vio que ella empezaba a ponerse muy roja la soltó y volvió a pedirle disculpas diciendo que ella tenía la culpa, que lo ponía frenético con las cosas que le decía.

En otra ocasión, estando en casa de Jaime, salió un ratón en el patio, Verónica pego un grito y el padre de Jaime salió inmediatamente y le pregunto si Jaime le había pegado, ella no se atrevió a contarle, ya que pensó en que las represalias por contarle a su padre iban a ser peores, así que solo sonrió y le dijo que había sido un ratón la que le había asustado, después de un tiempo se enteró que el padre de Jaime golpeaba a su esposa, quizá por eso salió preguntando, quizá él sabía que su hijo era golpeador, eso ya nunca lo supo.

Verónica no se atrevía a contar a nadie, ni a sus hermanos, nada de lo que sucedía, ya que Jaime pertenecía a una pandilla y siempre la amenazaba que si le decía a alguno de sus hermanos no iban a vivir para contarlo.

Su familia no veía con buenos ojos a Jaime, algo les decía que no era buen hombre, llegaron a tener altercados con él, pero finalmente Verónica dejaba de hablarles, porque Jaime decía que no podían manipularla, que ella era más fuerte y que podía salir adelante sin ellos, que era su vida y ellos no debían opinar acerca de con quien salir o no, que ella debería tomar sus propias decisiones.

Fue tal su manipulación que logró que ella se fuera de su casa, cuando la familia trato de llevarla a otra ciudad para alejarla de él, así ella empezó a trabajar a los 16 años y la convenció de alquilar un piso y de esa forma alejarla del círculo familiar, ya había logrado alejarla de sus amigas.

Verónica se embarazó a los 16 años, sin embargo Jaime le dijo que no podía truncarle su carrera, que era mucha responsabilidad y que él no se iba a hacer cargo, que pidiera prestado dinero (porque él no trabajaba solo estudiaba) para realizarse un aborto, consiguió un médico que los realizaba clandestinamente y abortó, sin embargo él la chantajeaba cada vez que podía, con que iban a tener un hijo juntos y que por eso no lo podía dejar, porque seguía diciéndole " tú eres mía y nunca serás de nadie más" que si se le ocurría hacerlo, la iba a secuestrar y nunca más iba a ver a su familia.

Ella no podía contarle a nadie lo que pasaba, por miedo a Jaime, pese a que le decían que, si era tonta o que, que porqué siempre hacia lo que él decía, que había cambiado mucho, que se había vuelto muy rebelde, cuando había sido una niña tan dócil y obediente, su familia no entendía (ni se imaginaba) por lo que pasaba Verónica porque había cambiado tanto, porque los evitaba.

Ella se sentía triste, acorralada, muy temerosa y no sabía que hacer, temía por la vida y seguridad de su familia y por su propia vida, había visto lo violento que se ponía Jaime y como manipulaba las situaciones hasta con su propia familia.

Sus amigas se habían alejado de ella pues siempre estaba con Jaime, decían que cambiaba por tener novio y ella no podía contarles nada.

Se sentía despreciable, culpable y sucia, pensaba que no la iban a entender, que la iban a criticar y hacer a un lado en el grupo, pues ella "se lo había ganado" que Jaime la tratara como la tratara, además sus amigas no habían tenido relaciones sexuales aun, así que menos podía platicarles ya que también iban a pensar que era una puta por haber tenido relaciones (prejuicios y más prejuicios) miedo, confusión, angustia, una serie de emociones terribles a su corta edad.
Un día la hermana de Verónica logro encontrarla sola y hablar con ella, ya sin poder aguantar más le confeso todo

Con lágrimas en los ojos y temblando de miedo, le dijo que no sabía qué hacer y que temía por la vida de todos, su hermana le dijo que cortara con él, en su casa, para que estuviera a salvo y que no la iban a dejar sola ni un momento, así lo hizo, por supuesto Jaime la amenazó diciéndole " te voy a secuestrar, nunca volverás a ver a tu familia, nunca vas a poder deshacerte de mí " al ver que Verónica no se inmutaba (aparentemente) y se mantenía firme, la chantajeo diciéndole "como después de que íbamos a tener un hijo me dejas", sabiendo que eso era algo que a ella le pesaba profundamente, pero siguió firme sabiendo que su hermana estaba detrás de la puerta, lista para llamar a la policía si era necesario y entonces Jaime se empezó a enojar e intento golpearla, pero justo en ese momento, salieron su mamá y hermana y le pidieron que se fuera o llamaban a la policía.

Durante 6 meses aproximadamente no la dejaban sola ni un momento, siempre la acompañaban a donde fuera, la recogían a la salida del trabajo o del colegio, la convencieron de que él era un cobarde, que, si no estaba ella sola, no se atrevería a hacer nada y así fue efectivamente, las amigas cuando supieron más o menos (nunca les conto todo) lo que pasaba tampoco la dejaban sola en los alrededores del colegio.

Después de ese tiempo, Verónica se sintió más fuerte, más segura de sí misma, más confiada y logro seguir adelante con su vida, tratando de estar alerta ante cualquier situación y confiando en la intuición de su familia y el apoyo de ésta.

Los padres, amigos y personas cercanas a una adolescente tienen que estar muy atentos al comportamiento de ésta, como se lleva con su novio y con los amigos, si han notado cambios preocupantes, ya que hoy en día están los padres tan ocupados en sus trabajos que no están atentos y además los adolescentes hoy tienen más libertad de salir, la mayoría de padres, no saben ni dónde están, además el maltrato en parejas jóvenes ha ido aumentando por la falta de vigilancia en casa y porque se da por hecho el cambio y rebeldía que tienen los adolescentes debido a su naturaleza pero siempre hay focos rojos a los cuales estar atentos.

Capítulo 4 relaciones tóxicas

Otro caso de una relación toxica que pudo terminar en una desgracia fue el de Jorge y Angelica*.

Ella de 24 años, profesionista, vive con su madre y me contó que conoció a Jorge en un bar, por un grupo de amigos que se reunieron ahí, Jorge enseguida se sentó junto a ella y estuvo con ella todo el tiempo, a la salida se ofreció a llevarla a casa, como era amigo del amigo, Angelica no desconfío, además ya se sentía un poco embriagada, por lo que su defensa estaba totalmente nula.
No recuerda nada de lo que sucedió, su último recuerdo fue cuando salieron del bar, al otro día despertó en un motel con Jorge al lado, él le dijo que ella le pidió no la llevara a su casa y se fueran a otro sitio, Angelica se sintió sumamente avergonzada, preocupada porque no aviso en su casa y completamente confundida ya que no recordaba absolutamente nada, llamo a su mamá, para decirle que se había quedado en casa de una amiga y que no le había avisado porque era tàrde, llamo a su amiga y le dijo que tenía que hablar con ella de la noche anterior.

Cuando le conto a su amiga, ésta comento que ella le había dicho que Jorge la iba a llevar a su casa, que se veía un poco bebida pero que no la vio mal, les extrañó lo que había sucedido, pero no entendieron la razón (no sabían de las pastillas que ponen en las bebidas)

Jorge la siguió buscando y empezaron una relación, más por culpabilidad que por gusto, no tenían casi nada en común, Jorge es narcisista, celoso, controlador y bebía mucho.

Jorge es ingeniero, trabaja en el negocio de su papá, vive con sus padres, su abuelita y 2 hermanas.

Cuando Angelica estuvo en casa de Jorge, le llamó la atención, que su mamá era muy sumisa con su papá, ponía las pantuflas para cuando él llegara a casa, estaba nerviosa porque la comida estuviera lista y en cuanto se sentaba a la mesa le servía su whisky y la comida, ella siempre decía "lo más importante es el marido, tenerlo contento y bien atendido, pues los hijos se van y te quedas sola con tu marido" se le hizo un buen consejo, pero no le gusto ver tanta sumisión.

Las hermanas no eran amables, cuando la veían siempre encontraban alguna razón para hacer un comentario que la incomodara, según ellas, que Jorge había comenzado a beber mucho desde que la conoció, que faltaba al trabajo por estar con ella y que casi no lo veían en casa, pues siempre estaba con ella y comentarios de ese tipo, además del enjuiciamiento y escrutìnio hacia su ropa y maquillaje cada vez, parecían las hermanastras de cenicienta.

Al poco tiempo que habían iniciado la relación, el controlaba todos los movimientos de Angelica, a donde iba, a qué hora regresaba, con quien estaba, se encelaba de todo hasta de los amigos en común y todo era bronca, se ponía demasiado furioso.

Tanto así que en una ocasión estaban con varios amigos en un bar tomando la copa, Jorge ya había tomado mucho y de repente se paró y comenzó a golpear a un tipo, se metieron los amigos de ambos, total los sacaron del bar, según él este tipo no dejaba de mirar a Angelica y por eso lo golpeó, esa fue la primera de varias peleas que hubo, supuestamente por la misma razón, cada vez le exigía más que no hablara con nadie, no llevara ropa "provocativa" que no viera a nadie y solo tuviera ojos para él, ella ya no quería ni salir pues estaba temerosa que cualquier cosa provocara su enojo.

Aunque no había golpes, si había maltrato físico, ya que en ocasiones le jaloneaba el brazo o le apretaba la mano cuando estaba enojado, pero el maltrato psicológico sí era fuerte ya que decía que ella le provocaba la furia que sentía por los celos y decía que ella lo hacía a propósito para molestarlo, siempre había desprecios, en los comentarios que ella hacía, había exigencias sexuales y amenazas, la agresión era el único lenguaje que conocía al parecer.

El colmo llegó, cuando en una ocasión venían de regreso de un evento en un poblado cerca de la ciudad, Jorge había bebido mucho, venia manejando muy rápido y de repente empieza a cerrarse a otro coche y empieza a pelear con éste y éste hace lo mismo, entonces Jorge saca una pistola de la guantera y empieza a dar disparos al aire, pero no contaba con que el del otro coche también traía pistola, venían dos hombres y un niño

Empezó una persecución terrible en la autopista, Angelica estaba paralizada de terror, no podía ni hablar, hasta que vio al niño en el otro coche, fue lo que la hizo reaccionar y gritarle a Jorge que venía un niño en el otro coche ¡que en qué estaba pensando!

Eso lo hizo reaccionar aparentemente y dio un giro casi al llegar al peaje, para tomar otro camino, el otro coche ya no pudo hacer lo mismo y se acabó la persecución, fue una experiencia terrible.

Angelica se enojó muchísimo con Jorge, ni siquiera sabía que traía un arma en el coche, comprendió que su vida corría peligro junto a un hombre tan irresponsable y agresivo, trató de cortar con él, pero él empezó a amenazarla, "no va a ser tan fácil deshacerte de mí" "te amo" "no me dejes" utilizó varios argumentos, aun así Angelica terminó la relación pero él empezó a acosarla, le llamaba por teléfono, la encontraba a la salida del trabajo, afuera de su casa, por supuesto ya no podía ir a las reuniones de los amigos porque sabía que él iba a estar ahí.

Al poco tiempo que habían cortado, Angelica fue a casa de una amiga, cuando le llama su mamá y le pide que no vuelva a casa, que Jorge había ido a buscarla y gritaba desde la calle que la amaba y que había empezado a tirar balazos al aire, llamaron a la policía, pero no lo atraparon, cuando llegaron, él ya se había ido.

Angelica no sabía que hacer, estaba muy nerviosa y preocupada por su mamá, de que fuera a hacerle daño, pero su mamá dijo que era mejor volviera al otro día.

Al otro día le contó su mamá lo que había ocurrido, aunque moría de miedo llamó a la mamá de Jorge para decirle que la estaba acosando, que había ido a tirar balazos afuera de su casa y que iba a levantar una denuncia.

La mamá de Jorge le respondió que dejara a su hijo en paz y que dejara de acosarlo ¿? que no quería que volviera a llamar a su casa, Angelica se sorprendió de la respuesta, pues ella había hablado para explicarle la conducta de su hijo, aun así, Jorge no volvió a buscarla, hasta como 3 años después.

Una noche escucharon a alguien cantando a gritos, afuera de su casa, las despertó y vieron que era Jorge completamente borracho, cuidaron que no las viera pues no sabían si traía arma y solo vieron cómo se quedó dormido en el carro y a la mañana siguiente se fue muy temprano.

Por amistades en común, supieron que era la noche anterior a su boda, Angelica no pudo más que sentir compasión por la futura esposa de éste.

Hay un dato que considero que es muy importante, tomar en cuenta, son *focos rojos* que de momento no les prestamos atención, hay que ver cómo se comportan los padres, como trata el papá a la mamá, como es la familia de él, todo lo que veas extraño o fuera de lugar son *focos rojos*, ya que es la educación y el ejemplo que recibió.

Es alta la probabilidad de que se comporte de la misma manera, los machistas vienen de machistas, el golpeador viene de golpeador, el alcohólico viene de alcohólico, la mayoría de las veces, por supuesto existen excepciones, pero es un porcentaje muy bajo.

Si antes de iniciar una relación, ponemos atención a nuestro instinto y a esos focos rojos, podemos evitarlas, ya que aún *no* tienen el poder de la manipulación en nosotros.

Recuerda manipulación es:

- Que te castigue con su indiferencia o silencio haciéndote sentir mal
- Que te diga que se comporta así por tu culpa
- Que termines preguntándote que has hecho mal

- Que te sentir insignificante, te haga sentir que lo tuyo no es importante
- Que le dé la vuelta a todo, con el objetivo de hacerse la victima
- Que pretenda alejarte de tu entorno, de tu familia y amistades
- Que te haga dudar de lo que realmente ocurrió (cuando tú sabes que *si* ocurrió así)
- Que reste importancia a lo ocurrido diciendo que no es tan grave

Capítulo 5 señales

El maltrato psicológico puede suceder a cualquier edad, es verdad que los jóvenes son más propensos por su falta de experiencia e inocencia, sin embargo el siguiente caso es de unas personas adultas, con experiencia, divorciadas, con hijos mayores y sin embargo, se dio un maltrato psicológico tan fuerte, que a Adriana le ha costado muchos años y terapia lograr superar esta relación, pues en palabras de ella "me marcó la vida y me ha dejado con un miedo constante de tener nuevamente una relación, me dan miedo todos los hombres"

Adriana* es una mujer de 52 años, divorciada con 2 hijos adultos jóvenes que viven con ella, sus hijos trabajan y tienen sus respectivas parejas, por lo que los ve muy poco.

Ella trabaja en el sector inmobiliario y desde que se divorció, sus amigas que seguían casadas se habían alejado poco a poco, pues las reuniones que organizaban eran de parejas, además de los celos que les fuera a quitar a sus maridos (situación común por el que atraviesan casi todas las mujeres divorciadas) por lo que Adriana intento hacer nuevas amistades y asistía de vez en cuando a reuniones de "solteros"

En una ocasión la invitaron unos amigos a una cena pre -navideña, no conocía prácticamente a nadie, pero sus amigos le presentaron a Víctor, un dentista, muy platicador y agradable, *extremadamente* atento y caballeroso, a Adriana le sorprendió esta actitud, ya que no se ve mucho hoy en día estas actitudes en las personas de su generación, pero eso le agrado, ya que estaba acostumbrada a que la trataran bien.

Víctor en la cena se disculpó y salió antes, alegando una emergencia, pero le pidió su número telefónico, después de unos días le llamo y la invito a cenar.
Fue una velada agradable donde hubo muchos elogios, risas y detalles de atención, solo que Víctor bebió mucho, se empezó a poner un poco imprudente, pero la dejó en su casa y desapareció por varios días.

Luego de varios días de no saber de él, le llamo para decirle que se iba de viaje con unos amigos pero que al volver le volvería a llamar, paso casi un mes y un día la volvió a invitar a salir.

En el camino el nombraba todas las tiendas de licores o bares, a Adriana le llamo la atención esto, pero no tenía idea que Víctor era alcohólico, nunca había tenido una relación o experiencia con un hombre alcohólico, sus amigos bebían en las reuniones igual que ella, pero era muy de vez en cuando, bebedores sociales les dicen.

Víctor era viudo, casado en 3 ocasiones, en la primera se divorció y había enviudado 2 veces, tenía la costumbre de "desaparecer" por temporadas, esto lo supo Adriana cuando llevaban ya un tiempo de relación.

La primera vez estuvo muy preocupada, pero cuando vio que era algo común, solo le pidió que le avisara que se encontraba bien para no preocuparse, ahí había un *gran foco rojo* que ella paso desapercibido o que justificó, pues estaba contenta de tener una relación con un hombre que se mostraba muy atento y cariñoso.

Al mes que habían iniciado su relación, iban saliendo del consultorio de Víctor, cuando llego una mujer y le empezó a hacer a éste un escándalo, diciendo que quien era la puta con la que estaba, los amigos de Adriana se la llevaron de ahí y le dijeron que tuviera cuidado ya que esa mujer acosaba a Víctor y le hacia la vida imposible, que era una expareja según él, pero que se comportaba como si todavía fuera su pareja, después de varias horas Víctor fue a buscarla le pidió perdón y le dijo lo mismo, que ella lo acosaba pero que ya no era su pareja, que inclusive cuando vivía con ella, había tenido que llamar a la policía para poder salir de su casa, pues ella le estaba aventando zapatos y amenazando, que no lo dejaba salir, Adriana *le creyó* por el comportamiento que vio en esa mujer.

Así pasaron varios meses, mentiras tras mentiras, además que Víctor bebía mucho, se ponía imprudente, se ponía loco de celos e inventaba que Adriana les coqueteaba a todos, que todos querían tener sexo con ella, hasta los hermanos de él, que también bebían mucho y se llegaron a pelear a golpes entre ellos, todos eran muy agresivos y alcohólicos.

El padre de Víctor era alcohólico y se había suicidado, la madre fue una mujer sumisa que tolero toda su vida los golpes de su marido.

Cuando ocurrían estas situaciones de celos, eran unos pleitos terribles, donde acababa insultándola, humillándola y cada vez subía más de tono los desprecios e insultos.

Después volvía arrepentido, pidiendo perdón, alegando que no sabía que la había pasado, que él no era así, que no iba a volver a suceder, que le prometía que nunca más, lloraba, la buscaba por días y no se cansaba de pedir perdón hasta convencerla de que estuviera con él nuevamente. Hasta que un día, 9 meses después de haber iniciado la relación más toxica que hubiera tenido en su vida, habían hecho una reunión en casa de Adriana, donde habían asistido los hermanos de Víctor y algunos amigos.

Era de esos días en que la energía del lugar se movía de manera muy densa, varias parejas que habían asistido empezaron a pelear, se acabaron retirando, se quedaron los hermanos de Víctor a último momento, pero Víctor empezó a pelear con uno de ellos porque según él estaba coqueteando con Adriana, delante de su esposa, se empezaron a pelear a golpes, el otro hermano se metió a separarlos, también lo golpearon, todos estaban borrachos, se fueron y Víctor se fue, a la hora regreso que fueran a un lugar a bailar y a arreglar las cosas.

Adriana con tal de que ya no hicieran más escándalo en su casa pues sus hijos ya habían llegado y los vecinos ya se habían acercado a ver qué pasaba, se fue con él, en el bar primero estuvo pidiéndole perdón, diciéndole que como estaba platicando con su hermano, pensó que le había coqueteado, que no volvería a pasar, que siguieran adelante, que la amaba, y cuando empezaron a bailar, otra vez se volvió loco de celos y dijo que estaba bailando muy provocativa, que si se quería ir con alguien más y que era una puta, se fue y la dejo sola, ella tuvo que tomar un taxi sola e irse con toda la vergüenza a su casa y con mucho enojo, ya no estuvo dispuesta a tolerar más estas situaciones, además de que Adriana ya empezaba a tener problemas con el alcohol, pues siempre estaban bebiendo, sus hijos ya le habían reclamado la manera que tenia de beber, le dijeron que si no sabían hacer otra cosa que beber y fumar.

Cuando Adriana decidió terminar la relación y decirle a Víctor que no quería volver a verlo en su vida, pues había llegado al límite de la falta de respeto, éste continúo insultándola por medio de WhatsApp, en mensajes, cada vez peores, las cosas más terribles que pudiera decirle *se las dijo* y así estuvo al otro día también, hasta que lo bloqueo.

Adriana decidió levantar una denuncia por maltrato, que fue considerada intrafamiliar, aunque no vivían juntos, pero por la relación que había de por medio.

Solicitó se restringiera la distancia permitida para estar cerca de ella, pero Víctor solo se burló de la denuncia, nunca se presentó al requerimiento que le habían hecho, no firmó de recibido a pesar que se lo hicieron llegar directamente con su secretaria y la acosaba, quedándose por horas afuera de su casa para ver a qué hora salía y cuando salía la acorralaba pidiéndole que volvieran, Adriana volvió varias veces a pedir la restricción y que la demanda procediera pero él se escondía y no lograban notificarlo.

No podía estar Adriana ni en la terraza de su casa ya que pasaba Víctor sonando la bocina y cuando ella lo veía, le enviaba un beso y se iba riendo, siguió por meses acosándola.
Era un hombre alto, muy corpulento y ella es pequeña, por lo que cuando la encontraba por la calle la arrinconaba y quería besarla o le pedía que volvieran o simplemente cuando veía que se asustaba se reía y se iba, la seguía llamando, conseguía su número de teléfono

aunque ella cambiara el número o llamaba a su casa para insultarla, amenazarla, hasta que finalmente después de más de 2 años de esta situación Adriana termino por mudarse de ciudad, pues tenía ataques de pánico y vivía en constante temor.

Sus hijos ya no vivían con ella, se habían independizado y vivían fuera del país, ella se sentía totalmente desprotegida y en la mira de un acosador obsesionado con ella por más de 4 años, que intentó localizarla, llamarle, buscarla hasta que por fin se cansó y encontró otra víctima.

Este tipo de tácticas que utiliza un maltratador, son tácticas de maltrato psicológico que causan confusión, enojo, miedo, vergüenza
Este tipo de tácticas se le conoce como el *gaslighting,* y funciona así:

Negación y minimización

El narcisista niega o minimiza las emociones, experiencias o sentimientos de su pareja, puede hacer comentarios como "estas exagerando" "eso no sucedió" "estas loca" al negar esa realidad socava la confianza en sí misma y en su propia percepción, lo que hace que dude de su cordura.

Aislamiento social

El narcisista busca aislarla de su red de apoyo como amigos o familia, para que dependa solamente de él/ella.
La victima puede experimentar ansiedad, depresión, confusión y aislamiento, además que este tipo de táctica puede generar un trauma emocional duradero que requiere tiempo y ayuda profesional para sanar.

Culpa

Te culpara de ser "mala" y "abusiva" proyectando todo lo que él hace en ti, también cuestionara todo, llamándote loca, no puede aceptar que lo abandones, claro a menos que ya tenga otra víctima y, aun así, regresara para demostrar que sigue teniendo el control.

Es su juego mental perverso, lo mejor es alejarse de alguien así y no intentar ayudarlo o cambiarlo, ya que lo peligroso de las personas manipuladoras es que no suelen tener ningún tipo de escrúpulos, por lo que aprovechan tu vulnerabilidad para sacar provecho mediante la

manipulación emocional, para llenar su ego, y esto lo hace de manera paulatina, envolviendo poco a poco a sus víctimas con palabras y actos de pretendida empatía, que solo son herramientas de las que se valen para lograr sus nefastos propósitos.

Si sabes de alguien que este en una situación similar, debes estar atento a los siguientes signos; aunque no tengas conocimiento de la historia real acerca de lo que le pasa a tu familiar o amigo:

-Si cambia su comportamiento
-Si le ves siempre con nervios y más cuando esta con su pareja
-Si sus historias no concuerdan o son repetitivas, como que se cayó de la escalera o se golpeó con la puerta
-si empieza a evitar a su círculo familiar y/o social
-si evita salir con sus amigas, con pretextos no creíbles
-si llega a contarte por ejemplo que es muy celoso o que le tiene que avisar (pedir permiso) para salir, estos son realmente *focos rojos,* recuerda que se siente minimizada y culpable por lo que le va a costar mucho trabajo o vergüenza contarte algo más, además que puede haber amenazas de fondo.

Recomendaciones que te pueden ayudar en estos casos y que es muy importante tomes en cuenta:

NO es tont@ el maltrato minimiza a la persona a tal punto que no se siente dign@ de recibir un buen trato, el control que ejerce sobre el/ella esta persona, le hace creer que efectivamente tiene la culpa de que la golpee o la insulte, no es verdad que les guste recibir golpes e insultos y muchas personas no se explican como siendo golpeadas siguen con esa persona, *lo que no saben*, es que detrás de esta situación, hay varias razones posibles por las que están en esa situación como:

- Fue lo que vivieron en casa, lo ven como que así debe ser, porque es lo que viven en su entorno
- No lo comentan con nadie fuera de su "circulo" o lo tienen en sus creencias porque se les inculcaron desde pequeños.
- Se encuentra atorada en el ciclo de la violencia
- La dependencia emocional, que ellos han fabricado y que difícilmente hará que logre salir, si no tiene un círculo de confianza (familia, amigos, religión)

Entonces es víctima del maltrato (psicológico, físico, sexual o económico) por lo que cuando llegue a este punto de *reconocimiento* lo ideal es:

1. Tener psicoterapia, para manejar el trastorno por dependencia, ya que, de lo contrario, es muy probable que vuelva a caer en otra relación toxica y elegir el mismo tipo de persona.
2. Tener un círculo de apoyo (familia, amigos, religión, etc.) esto será su salvavidas
3. Evitar a toda costa contactar con su victimario, bajo ninguna razón ni pretexto, ya que expone su vida y si es el caso, la de sus hijos
4. Confiar en su intuición
5. Establecer limites
6. Sobre todo, buscar apoyo, pedir ayuda

"se necesita más valor para pedir ayuda, que para soportar"

Actitudes que te ayudan a saber si estas con un maltratador

No es amor, es maltrato cuando existen:

- chantajes
- bromas hirientes
- ignorar, ley de hielo
- mentiras, engaños
- culpabilizar
- celos
- desconfianza
- ridiculizar
- descalificar
- intimidar
- amenazar
- humillaciones en publico
- controlar el dinero, los amigos, tu tiempo, el celular, redes sociales
- prohibir relaciones familiares, de amistad, lugares, apariencia, vestimenta, actividades en celulares, redes sociales, etc.
- Revisar el celular, solicitar las contraseñas
- manosear en publico
- destruir artículos personales
- golpear "jugando"
- "caricias" agresivas
- forzar (obligar) a tener relaciones sexuales
- obligar (forzar) a hacer algo sexualmente que no quieres

- jalonear
- golpear
- controlar tu trabajo o tus relaciones laborales
- controlar constantemente donde estas
- enojarse si no contestas al instante
- no respetar tus actividades

Son ejemplos de las actitudes que toma una persona controladora, narcisista, que a la vez es un maltratador psicológico, maltratador físico o ambos.

Te preguntaras ¿porque los narcisistas lastiman a las personas que los quieren y se preocupan por ellos?

La pareja víctima de un narcisista *no lo elige*, sino que el maltratador es *el que la elige*, es seducida, embaucada, engañada, porque su técnica siempre es la misma, un caballo de troya que entra en el alma de su víctima y ante esto no puede más que caer rendida y enamorada.

El narcisista escoge a su víctima desde antes, para sacarle provecho y sentirse superior, debido a su trastorno de personalidad, busca personas empáticas, rescatadoras, vulnerables, ellos se pintan como víctimas de la vida y piden a gritos ser ayudados, incluso pueden mirarte con "ojos de perito abandonado" para después aprovecharse, una vez que te embaucan, comienza el abuso, piden cada vez más, pero rara vez dan lo mismo, a menos que vayan a cobrarte el favor, te desprecian para bajar tu autoestima y te sea más difícil abandonarlos.

Jugaran con tu mente, para hacerte creer que los necesitas, que sin ellos no lograras sobrevivir, incluso llegan a generarte adicciones y meterte en problemas, en resumen, ellos *no te aman.*

Capítulo 6 Redes Sociales

Hoy en día, las redes sociales nos han llevado al punto de conocer "al amor de tu vida" por medio de aplicaciones, que empatan a los que tienen gustos similares o al menos eso prometen, a veces solo son encuentros casuales, sexuales o a veces se llega a formar una relación más formal, pero en la mayoría de los casos hay fraudes y sorpresas muy desagradables, ya que detrás de la pantalla cualquiera puede tener "el personaje" que se quiera inventar para conquistar.
Y el siguiente caso, fue así.

Claudia* es una mujer de 57 años, divorciada, con dos hijos casados, que viven en su propia casa y a los cuales ve muy de vez en cuando, ella vive sola y tenía ganas de empezar de nuevo, tener una nueva relación de pareja después de vivir 20 años de matrimonio y tener más de 10 años de haberse divorciado, varias amigas le comentaron de las páginas de parejas en internet, que sirven para encontrar una pareja que coincidieran en lo mismo, tuvieran intereses en común, etc. Además, que podía conocer personas de diferentes partes del mundo y que podría encontrar "el amor de su vida"

Las páginas promueven que hay varios casos, de personas que se han encontrado a través de ella y se han casado.

Así que ahí la tienes inscribiéndose a varias páginas, conociendo varios hombres, charlando con ellos, y muchos no pasaron de la primera charla, pero conoció a Gilberto donde aparentemente congeniaban en algunos intereses, él era estadounidense con familia mexicana, viviendo en Mexico, en Cabo San Lucas, jubilado, hablaba español e inglés, nunca se había casado, no tenía hijos, era veterano de guerra, con un marcapasos por un problema que había tenido en el corazón, tenía una salud muy mala pero con una elocuencia impresionante.

Decía que buscaba una mujer para casarse y vivir en pareja el tiempo que le quedara, Claudia buscaba los mismo, una relación estable, tranquila y amorosa para pasar el resto de sus años.

Estuvieron en contacto por videoconferencias, llamadas telefónicas y WhatsApp, ya que viven en diferentes ciudades, por un periodo de 3 meses.

Claudia trabaja en el ramo restaurantero, así que tenía mucho trabajo con los proveedores, los clientes, cocina, etc. No tenía tiempo de conocer a alguien de otro modo y estar en contacto con Gilberto así se le hizo cómodo y practico al principio.

Era una mujer ocupada, sin embargo, Gilberto le llamaba varias veces al día y quería que ella estuviera disponible a cada momento, si ella tardaba en contestar él se molestaba y le decía que, si no tenía tiempo para él como iban a estar juntos, que cuando se casaran ya no tendría que trabajar, a Claudia esa situación no la hacía sentir cómoda, otra vez foco rojo, que sin embargo paso por alto, ya que le gustaba Gilberto y creía que podrían tener una buena relación con el paso del tiempo, además pensó que al estar juntos, esto cambiaria.

Después de 3 meses Gilberto la apremio a que se conocieran y empezaran a planear la boda y su vida juntos, Claudia a pesar de que era lo que buscaba no estaba tan convencida de hacer todo tan rápido y sin conocerse por más tiempo, pero acepto que él la visitara, así podría conocerlo en persona y tratarlo directamente.

Al otro día que llego Gilberto a su casa, ella tenía una comida con su grupo de amigos de la universidad, llevo a Gilberto pues no podía dejarlo en su casa solo, pero se sintió muy incómoda, ya que Gilberto era muy poco prudente.

Se puso pesado con algunas de sus amigas, pues se puso a alardear que él podía llevar a Claudia a vivir donde quisiera pues él podría mantenerla.

Durante la reunión tuvo comportamientos raros, se desaparecía por largos ratos, le decía a Claudia que era porque es alérgico al humo y todos estaban fumando, los amigos de Claudia le dijeron que tuviera cuidado, que no les había gustado para ella y que tenía "algo" raro, no supieron que era, pero todos coincidieron.

Claudia a través de una ventana vio que Gilberto estaba al teléfono, pensó que por eso se desaparecía por largos ratos, pero no tenía idea con quien hablaba.

Claudia notó que Gilberto traía muchas pastillas en su maleta, pero según le dijo era sus medicinas para el corazón y algo que le llamo la atención es que traía muchas, demasiadas tarjetas bancarias, pero no quiso indagar más.

Los días que siguieron estuvieron llenos de altibajos, Gilberto era muy demandante, quería que Claudia estuviera todo el tiempo con él, hasta del perro se celaba, porque decía que le hacía más caso que a él.

Si Claudia tenía que trabajar, Gilberto se molestaba pues decía que lo iba a dejar solo, que había viajado para estar con ella, no para estar solo, además que, si llegara a fallar su marcapasos, ella tenía que estar al pendiente para llevarlo inmediatamente al médico, pues podría morir.

Claudia estaba sumamente estresada, porque además en un mes que estuvo en su casa, pelearon no menos de 3 veces por tonterías, como que no le decía suficientes veces que lo amaba, que no estaba al pendiente de él, que ocupaba mucho tiempo en su trabajo, que había estado mucho tiempo en una llamada y él estaba esperando, cosas así.

Un día a las 4am Claudia despertó por la luz del celular de Gilberto, que estaba enviando mensajes, Claudia le dijo que hacía a esas horas enviando mensajes y él se molestó y dijo que, si no podía estar hablando con sus amigos, Claudia le dijo que si, pero en la otra habitación, ya que era muy desconsiderado de su parte despertarla a esa hora, pero él se enojó y dijo que ella no podía decirle que hacer ni a qué hora.

Ella le pidió que mejor ya volviera a su casa y él decía que se iba, luego se arrepentía y le pedía perdón, después le dijo que ya no tenía dinero para regresarse, que hasta que llegara su pensión pues había gastado todo lo que tenía por las veces que habían salido a un restaurante, o por las cosas que había comprado en el super (la mayoría había sido bebidas y botanas) ¡todo le echaba en cara!

A pesar de que habían salido solo un par de veces.

Claudia ya no sabía cómo deshacerse de él, ya que la tenía estresada, había perdido peso y no se sentía tranquila, pensó que faltaban solo unos días para que él cobrara y se fuera.

Una noche estaban viendo una película y Claudia tenía cargando a su perrita y de repente Gilberto se levantó de prisa buscando el monitor de su marcapasos, se puso alteradísimo, subía y bajaba como loco y ya que lo encontró, ¡¡le dijo a Claudia que sin ese monitor podría morirse y que ella solo estaba cargando a su pinche perro!!

Que no le importaba él, que no lo quería, discutieron y le dijo que se iba al otro día y subía y bajaba y volvía a discutir como si estuviera drogado, Claudia se encerró en su habitación y apago el celular, al otro día tenía más de 10 mensajes de Gilberto.

Decían que se sentía mal, que algo le iba a pasar por culpa de ella, etc.

Ella se asustó y pensó que efectivamente algo le podía haber pasado, tocó a la puerta de la otra habitación pues estaba con llave y después de varios intentos salió Gilberto furioso, que apenas había dormido, por culpa de ella y que no lo dejaba dormir, se volvió a encerrar.

Después de unas horas volvió a salir y seguía discutiendo, volvía a subir y bajar y discutía con Claudia.

Claudia se fue a su habitación, pues ya no quería seguir discutiendo y cuando iba a cerrar la puerta, entro Gilberto como torbellino, cerro las ventanas y siguió discutiendo.

Claudia se hartó y le dijo que ya se largara, que ya no quería que estuviera ahí y él le dijo que no se iba a ir de ahí.

Claudia le dijo que, si no se iba, llamaría a la policía y en ese momento él se levantó, se puso casi encima de Claudia y le grito te voy a meter un tiro en la cabeza si llamas a la policía, Claudia se quedó estupefacta, pensó en como calmarlo y empezó a hablar suavemente con él, le dijo que no iba a llamar a la policía, que ella no quería pelear con él, pero que ella tampoco había dormido y se sentía cansada y que quería llevarse bien con él y que ya no discutieran.

Logró calmarlo un poco, pero él le dijo que se iba, que iba a llamar a un amigo para que le prestara el dinero para irse, salió de la habitación aun discutiendo.

Claudia tomo su bolso, a su perro y bajo, Gilberto estaba en la sala y Claudia le dijo que se iba a casa de su tía mientras él se calmaba y preparaba sus cosas para irse.

Sin embargo, antes de llegar a la puerta Gilberto se levantó del sillón en un santiamén y le arrebato las llaves haciéndole daño en la mano a Claudia y le dijo que ella no iba a ningún lado hasta que no lo llevara al aeropuerto.

Claudia se quedó paralizada pensando que podía hacer, ya que estaba muy alterado, muy agresivo y no la dejaba salir de su casa, aceptó llevarlo, ya que prefería asegurarse que Gilberto efectivamente se fuera, lo llevó al aeropuerto, él siguió discutiendo porque quería conducir, pero Claudia le dijo que no firmemente, él seguía discutiendo por el viaje, por el perro, por todo, pero Claudia ya no decía nada.

En cuanto Gilberto se bajó del coche, Claudia regresó a su casa, soltó el llanto, temblaba de miedo, estaba asustadísima y se dio cuenta de cómo había puesto en peligro su vida, que ella estaba sola y si Gilberto le hubiera hecho daño nadie podía enterarse, entro en crisis.

Gilberto le llamo a los pocos días, le pidió disculpas, trato de reconciliarse y le dijo a Claudia que en unos días iba a verla, Claudia le dijo que no, que ya no quería nada con él, él se enojó y le dijo que solo le había hecho perder dinero y tiempo y la empezó a insultar, Claudia colgó, lo bloqueó, salió de todas las páginas que se había inscrito.

Estuvo con estrés post traumático por mucho tiempo, se asustaba cuando se acercaba un hombre a hablar con ella, cambio las cerraduras de su casa, sin embargo, cada vez que salía rectificaba que Gilberto no estuviera por ahí, cuando vio a sus amigas les conto la pesadilla que había vivido y ellas le dijeron que algo no les había gustado de Gilberto pero que no pensaron que estuviera ¡tan dañado!

Desgraciadamente todas sus amigas y familia vivían muy lejos y no podían estar con ella, Claudia decidió ir a terapia para cerrar ese capítulo tan desagradable en su vida y poder seguir adelante sola, pero en paz.

El caso de Claudia quizá te parezca extremo ya que fue una relación de muy poco tiempo, sin embargo, Claudia corrió con suerte, ya que después de esta situación, se enteró de varios casos donde citaban a las personas y las violaban o mataban, también se enteró de varios casos donde se habían conocido por estas páginas, efectivamente se habían casado y habían resultado maltratadores, golpeadores, alcohólicos, drogadictos, etc.

Siempre hay excepciones, sin embargo, el perfil de las mujeres que se inscriben en este tipo de páginas suele ser las que se sienten solas, inseguras, con baja autoestima, que están vulnerables por haber terminado un matrimonio o relación de larga duración.

Que creen que pueden encontrar el amor a través del mundo virtual, en personas de otras nacionalidades o de otras culturas, hay casos en que solo buscan sexo casual y pasar el rato sin tomar en cuenta el peligro que conlleva no conocer a la otra persona, la falsa seguridad de estar atrás de una pantalla, que no las conocen y que están" protegidas"

El perfil de los hombres que se inscriben en estas páginas suele ser personas que, por su carácter o personalidad conflictiva, no pueden conocer mujeres de manera clásica, también existen los que se aprovechan de la vulnerabilidad y cometen fraudes, sacándoles dinero como el caso conocido del defraudador de Tinder (historia real)

Estas páginas son el lugar perfecto para los maltratadores, ya que ellos buscan mujeres solas, vulnerables para poder dominarlas y manipularlas a su antojo, además que por lo regular son mujeres inseguras, para el maltratador es el perfil perfecto que buscan.

Por más que una página o aplicación diga que se asegura de prevenir los fraudes y que verifican a las personas que se inscriben en ellas, la realidad es que no hay seguridad, muchos ponen perfiles falsos (hombres y mujeres) fotografías falsas, hay muchos scammers (estafadores) y una gran cantidad de personas con trastornos mentales.

Capítulo 7 a los hombres

El maltrato psicológico, físico, sexual, económico etc. no solo lo sufren las mujeres, también existen los hombres maltratados como veremos en el siguiente caso que desgraciadamente no salió a tiempo de esa relación y le costó la vida.

Josué* era un hombre de 55 años, muy atractivo, había sido modelo cuando era joven, había viajado prácticamente por todo el mundo, tenía muchísimos amigos, era una persona que siempre ayudaba a su familia, era muy querido y admirado, tenía muchos sueños y ambiciones.

Había tenido una relación por más de 20 años, sin embargo, cuando terminó esta relación, sintió que ya no iba a poder tener una nueva relación pues tenía VIH y pensó que eso lo iba a limitar e iba a vivir solo el resto de su vida.

Se sentía muy inseguro, deprimido, vulnerable...cuando apareció Miguel en su vida.

Miguel aparentaba ser un hombre muy seguro, muy manipulador, de carácter muy fuerte, que conocía a todo el mundo artístico, engreído y mala persona

En un principio hizo creer a Josué que lo amaba, que era quien lo apoyaba e impulsaba a seguir adelante, sin embargo, resulto ser un completo manipulador que convenció a Josué que su familia era muy entrometida, que eran los culpables de que no hubiera funcionado su relación anterior, lo alejo de sus amigos, de todo su círculo social inclusive logro convencerlo de que no tenía VIH que podía dejar su tratamiento y que iba a estar bien, que todo era mental, creencias.

Miguel además de manipulador y maltratador, era santero, practicaba la magia negra, tenía altares en su casa con fotografías de Josué y cenizas de mascotas que habían fallecido, Josué veía esos altares, pero decía que el los hacia para que cuidara su salud y que además eran ideas de Miguel que el respetaba.
Fue acabando con la vida de Josué, lo mantenía aislado de todos, enfermo y lo obligaba a tener sexo.

En una ocasión las hermanas de Josué fueron a buscarlo a su casa, ya que tenía unos días que no respondía los mensajes, cuando llegaron quedaron impresionadas al verlo, estaba muy delgado, apenas podía sostenerse en pie, se lo llevaron inmediatamente al hospital, ahí supieron que Josué ya no estaba tomando el tratamiento para el VIH, hablaron con él, trataron de convencerlo.

Se pelearon con Miguel, le dijeron que si pensaba dejarlo morir si ellas no hubieran ido, pero él dijo que Josué era un adulto y sabía lo que hacía.

Miguel estuvo en el hospital, cuando él no estaba enviaba amistades a que no dejaran solo a Josué con su familia y amigos, riñó con el medico ya que este le dijo a Josué que si no continuaba su tratamiento no iba a sobrevivir y Miguel dijo que el medico estaba equivocado, sacó a Josué del hospital y se lo llevo nuevamente a su casa.

Miguel le puso un ultimátum, decidir si lo prefería a él o a su familia. Josué con tal de no tener más problemas, pues estaba agotado y débil por su enfermedad, lo eligió a él, aunque mantenía comunicación en secreto con sus hermanas al principio.

Josué se fue extinguiendo como una vela hasta que se apagó, su familia jamás entendió como era posible que lo hubiera convencido hasta el punto de dejar la medicina que lo mantenía con vida, llego al punto de no hablarle a nadie, ni familia ni amigos y cuando Miguel lo fue a abandonar al hospital, pues ya estaba desahuciado, avisó a su familia para que estuvieran con él, pero era demasiado tarde, ya nada se pudo hacer, solo sobrevivió una semana. Le contó a su hermana como abusaba de él y lo tenía aislado e incomunicado y él no tenía ni la cabeza ni la fuerza para hacer nada, lo tenía totalmente dominado.

Los maltratadores son hábiles oradores, que le dan la vuelta a todo con suma habilidad y siempre a su conveniencia, logrando embarcar a la víctima a través de la distorsión de ideas y de la explotación emotiva, su conducta tiene que ver más por la satisfacción de su propio ego, a través del cual logra la manipulación de su víctima, sintiendo que tiene el control total, que puede explotarlo a su antojo hasta llegar al límite, exigiendo cada vez más y más, hasta lograr el quiebre emocional de su pareja.

Además, el papel preferido que suele interpretar de manera impecable es el de víctima, con esta conducta logra despertar el sentido de lástima de las personas.

Los manipuladores se presentan como una persona débil de espíritu, que requiere apoyo y dependen de los demás, pero detrás de esa careta de cordero se esconde un lobo manipulador, que explota tus buenos sentimientos, hasta que te sientas responsable de su persona, es una táctica para ver como actúas.

Tiene una extraordinaria facilidad para mentir, sin que lo delate ningún gesto ni el tono de voz, son especialistas en "poner cara de póker" es a tal el nivel de mitómano, que se creen sus propias mentiras, lo que los hace más creíbles.

Al no tener escrúpulos, no les dan mayor importancia a sus mentiras, los manipuladores desvalorizan por completo a sus víctimas, por lo que se debe evitar a toda costa, convivir con ellos.

Un manipulador tiende a humillarte en público, utilizando frases como estas, la frase muy común que utilizan es "estas exagerando" para tratar de convencer a las personas de alrededor de sus víctimas que son responsables de la situación actual, el daño a la autoestima, cuando te etiquetan como "la reina del drama" es fuerte, pero hay una manipulación detrás que es extremadamente malvada.

También utilizan "no sabes de lo que hablas" crean ofensa, vergüenza e incomodidad "todo es por tu culpa" o "deja de ser tan inseguro/a" además de mostrar una clara falta de respeto, existe una clara ironía, ya que, aunque no lo admitan, ellos son los verdaderamente inseguros.

"eres estúpido/a" "no vales nada" "eres un inútil" son frases que suelen elegir las personas manipuladoras, esa hostilidad oculta, esa conducta pasivo-agresiva como un mecanismo de defensa dañino, destruye la autoestima lentamente

Capítulo 8 Vergüenza

Los hombres también sufren de maltrato, también viven relaciones toxicas donde acaban siendo víctimas de los maltratadores, no es una situación exclusiva de las mujeres, sin embargo, por los prejuicios que se han creado, se pensaría que a los hombres no les puede suceder.
La mayoría no denuncian por vergüenza ya que vivimos en una sociedad machista, además para suavizar la situación muchas veces dicen que son mandilones, cuya mujer es la que manda y que ellos así llevan bien la relación, que la última palabra la tienen ellos "si mi amor" detrás de estas palabras de broma, puede haber en realidad un caso de maltrato, como el que a continuación se describe.
Fernando* es un hombre de 65 años, divorciado, con 3 hijos adultos, casados y que no viven cerca de él, conoció a Luz del Carmen cuando eran adolescentes, fueron novios en el secundario, se mantuvieron en contacto todos estos años por amigos en común, cada uno hizo su vida, Luz del Carmen también se casó, se divorció y tuvo 2

hijos, al paso de los años se reencontraron y empezaron a vivir juntos.

Fernando había tenido un accidente que lo había dejado ligeramente incapacitado para trabajar, sin embargo, Luz del Carmen lo manipuló y lo maltrato psicológicamente, diciéndole que era un inútil, que realmente no podía trabajar, que sin ella no había manera que saliera adelante, que ella era la única que lo iba a aguantar y sacar adelante, y él se lo creyó.

Ella era la proveedora del hogar económicamente, ya que contaba con la pensión de su padre y hacia algunos negocios.

Fernando es el que cocina, limpia, atiende a los padres de Luz del Carmen, es el enfermero de ellos, los baña, los asea y los carga para llevarlos al hospital, un hijo de Luz del Carmen es autista y Fernando lo cuida a pesar de que el jovencito, por no recibir la atención adecuada, golpea a Fernando y es agresivo con todos en casa.

Fernando debe tener cuidado que el joven no agreda a los abuelos, pues si no Luz del Carmen golpea a Fernando, lo humilla delante de la gente, no le importa si están en un lugar público, lo ofende, le grita y lo insulta y Fernando solo agacha la cabeza.

Siempre le dice que "nada más falten mis padres vas a tener que buscar donde vivir, pues ya no te soporto, vas a tener que vivir en la calle pues nadie se va a hacer cargo de ti pues eres un inútil y un estúpido"

Los amigos de Fernando han hablado con él, no se explican cómo puede aguantar tantos insultos y maltratos de ella, pero él siempre la justifica, diciendo que gracias a ella tiene donde vivir y que comer.

Siente más que agradecimiento con ella por acogerlo, ya que de otro modo piensa que viviría en la calle.

Con sus hijos no llevaba una buena relación, pues cada vez que intentan llamarlo, Luz del Carmen le arrebata el teléfono y contesta, les dice que está ocupado que no puede responderles o si él logra tomar la llamada, ella se mete en la conversación y le acaba colgando el teléfono.

Ella le revisa el celular, le dice como vestirse y que debe hacer, si encuentra un mensaje que le molesta hace un lio terrible, lo golpea y lo manda a dormir al suelo.

Cuando lo envía a comprar cosas, lo está llamando cada 5 minutos para que no tarde y regrese a atender a sus padres, pues ella no tiene tiempo, además que no sabe cocinar.

Esa relación duro muchos años, hasta que Fernando tuvo un infarto y enfermó, fue cuando Luz del Carmen llamo a los hijos de éste, para que se hicieran cargo de él, gracias a eso, Fernando se fue a vivir con uno de sus hijos y logró liberarse de esa relación, su hijo le pidió que tomara terapia pues tenía la autoestima muy baja, tuvo depresión y le costaba salir adelante.

Quizá piensas que no es un caso real o que todas estas historias son exageradas, pero la triste realidad, es que estos casos son más comunes de lo que creemos.

En la sociedad que vivimos, los hombres no se atreven ni a reconocerlo ni a denunciar, pues les avergüenza que los vean como cobardes, sin carácter o tontos, sin embargo, no son tontos, son víctimas y se sienten desprotegidos ante una sociedad donde predomina el machismo y los prejuicios

**Los nombres de las víctimas se han cambiado por protección y privacidad, ya que ha sido una condición en la entrevista para poder contar su historia o la historia contada por los familiares de la víctima+*

Capitulo 9 ¿porque es maltratador?

Las razones de porque una persona puede convertirse en maltratador según estudios que se han realizado a través del tiempo son varias e individuales, a veces se da más de una serie de razones y circunstancias en la misma persona y pueden ser:

-Venir de una familia donde uno de los padres ejercía el maltrato a su pareja y por lo regular también a los hijos

-Venir de una familia disfuncional donde no se conoció que es una vida en armonía y respeto. (Los hogares disfuncionales son aquellos en que se dan uno o más de los rasgos siguientes:

Abuso de alcohol y/u otras drogas (prescriptas o ilegales),conducta compulsiva como, por ejemplo, una forma compulsiva de comer, de trabajar, limpiar, jugar, gastar, hacer dieta, hacer ejercicio, etc.estas prácticas son conductas adictivas, además de procesos de enfermedad progresivos. Entre muchos de sus efectos alteran y evitan el contacto sincero y la intimidad en una familia.

Conducta sexual inapropiada por parte de uno de los progenitores para con un hijo o hija, desde seducción hasta incesto, discusiones y tensión

Constantes, lapsos prolongados en que los padres rehúsan a hablarse, padres que tienen actitudes o principios opuestos o que exhiben conductas contradictorias que compiten por la lealtad de los hijos, padres que compiten entre sí o con sus hijos, uno de los padres no puede relacionarse emotivamente con los demás miembros de la familia y por eso los evita activamente, al tiempo que critica la efusividad, rigidez extrema con respecto al dinero, la religión, el trabajo, el uso del tiempo, las demostraciones de afecto, el sexo, la televisión, el trabajo de la casa, los deportes, la política, etc. Una obsesión por alguno de esos temas puede impedir el contacto y la intimidad, porque el énfasis no se coloca en relacionarse sino en acatar las reglas)

Se que la mayoría venimos de un hogar con ciertas características de lo que se denomina un hogar disfuncional, sin embargo, esto se refiere principalmente a cuando es extremo y sobre todo que causa muchos problemas interrelaciónales en cada uno de los miembros de la familia y que puede terminar siendo un trastorno de la personalidad.

-Comúnmente existe una adicción presente en el maltratador que transforma su carácter y lo vuelve agresivo como el alcohol o las drogas
-Una enorme falta de seguridad en sí mismo y de autoestima, donde el tener el control le permite creer que tiene el poder y eso a la vez le puede dar una falsa seguridad
-Tener una serie de traumas infantiles, donde sufrió de maltrato, acoso y/o abuso y siente el deseo de vengarse o desquitarse con otras personas para "aliviar" su dolor
-Ocasionalmente el maltratador no se da cuenta que es maltratador ya que es lo único que ha vivido en su vida y considera que es lo "normal"
-Sin embargo, a veces está perfectamente consciente de que lo es, pero le causa placer el control y el miedo que causa
-Debido al machismo con que fue criado
-A causa del "misoginia" o la "misandria" inclusive la "homofobia" que se da, aún en personas homosexuales, por su falta de aceptación
-Necesitar con desesperación controlar sus relaciones, debido a la poca seguridad que experimentó en la niñez. Disimula sus esfuerzos por controlar a la gente y las situaciones bajo la apariencia de «ser útil».

-Son personas que no aceptan la responsabilidad de sus acciones y comportamiento, por lo que culpan a los demás de sus problemas.
-Debido a su comportamiento pasivo-agresivo, a menudo provocan una actitud defensiva en los demás, por lo que sus relaciones siempre serán de lucha y discusión.
-Regularmente es una persona excesivamente negativa, le gusta criticar y quejarse de los demás, por lo que no apoya, ni comprende, no entiende que es la empatía.

Capitulo 10 ¿porque te conviertes en victima?

Algunas de las razones por las que una persona puede convertirse en victima pueden ser estas:

-Haber vivido violencia en casa, lo cual hace creer que eso es algo natural en las familias
-Haber vivido con una persona con adicciones (padres, pareja) esto crea una relación de dependencia y codependencia, que, si no es tratada, se repetirá constantemente el mismo patrón
-Tener inseguridad y baja autoestima
-Vulnerabilidad por rompimiento de relaciones anteriores, por enfermedades, discapacidades, o cualquier situación que lo haya provocado.
-Tener una familia disfuncional
-Haber sido víctima de maltrato/acoso escolar en la infancia
-Haber sido víctima de abuso sexual

-Tener dependencia de adicciones o muy probablemente tener predisposición emocional y bioquímico para volverse adict@ a las drogas, al alcohol y/o a ciertas comidas, en particular los dulces.
-Estar acostumbrad@ a la falta de amor en las relaciones personales, lo que hace que se esfuerce por complacer.
-Aceptar mucho más del cincuenta por ciento de la responsabilidad, la culpa y los reproches en cualquier relación.
-Estar más en contacto con su sueño de cómo podría ser una relación, que, con la realidad de su situación, el viejo cuento que nos vendieron de las "princesas"
-Sentir atracción y a veces obsesión hacia personas que tienen problemas, adicciones o que están involucrados en situaciones caóticas, inciertas y emocionalmente dolorosas "creerse rescatadora"
-Es probable que usted tenga una tendencia a los episodios depresivos, los cuales trata de prevenir por medio de la excitación que proporciona una relación inestable
-No la atraen las personas que son amables, estables, confiables y que se interesan por usted, le parecen aburridos, le atrae más "el chico malo"

-Intentar y creer que puedes cambiar a tu pareja por medio de tu amor
-Le aterra el abandono, por eso hace cualquier cosa para evitar que una relación se disuelva

Las causas son varias, pero lo importante es saber detectar a la persona maltratadora y lo mejor es huir lo más lejos posible de esa persona, antes de crear un lazo de codependencia donde muchas veces el único escape es el ataúd.

Es muy importante tener presente y considerar que el daño recibido regularmente afecta a terceros como a los hijos, a los padres, las amistades, el trabajo, etc. No es solo el daño que recibe la persona afectada, ya sea daño físico o psicológico, también a veces el costo, son años de terapia o una vida de repeticiones, donde si no se recibe ayuda profesional, se repite el patrón, relación tras relación, una vida de sufrimiento, traumas y frustraciones que nadie, absolutamente nadie vino a este mundo para sufrir de esa forma.

Capítulo 11 Fases de uma relacion Tóxica

Una de las combinaciones que se dan frecuentemente en este tipo de relaciones toxicas, son una persona narcisista y una persona empática, ya que la persona narcisista despliega sus encantos y habilidades de manipulación, se muestra como alguien seguro de sí mismo, carismático y deseable, la persona empática es atraída por esa seguridad aparente y el carisma del narcisista, por sus atenciones y elogios, creyendo que ha encontrado a alguien especial.

A medida que la relación avanza, la persona narcisista otorga una atención y amor excesivos, esto hace que la persona empática se sienta especial, valorada, creando una dependencia emocional.

La persona narcisista se convierte en el centro de su mundo y la persona empática se esfuerza por mantener esa atención y aprobación.

La persona narcisista una vez que siente que tiene el control firme sobre la persona empática, comienza a devaluarla, los elogios y la atención disminuyen abruptamente, lo que causa dolor y confusión en la persona empática.

Los conflictos aumentan a medida que la persona narcisista busca mantener el poder y el control a través de sus tácticas manipuladoras como el *gaslihgting y la culpa.*

En esta fase la persona empática se encuentra en un estado de confusión emocional, lucha por comprender que ha sucedido.

Comienza a buscar soluciones y a cuestionar su propio comportamiento, para recuperar la aprobación del narcisista, la comunicación se vuelve tensa, ya que el narcisista evade cualquier responsabilidad por los problemas de la relación.

La acumulación de la devaluación, manipulación y conflictos llegan al punto de quiebre para la persona empática, cuestiona su propio valor y está agotada emocionalmente, comienza a darse cuenta de la dinámica destructiva en la relación, por lo que el narcisista intensifica sus tácticas de manipulación con promesas de cambio.

En este punto, la persona empática finalmente puede tomar la difícil decisión de alejarse de la relación y reconocer que el narcisista no cambiara y que está en una relación toxica, que, a pesar del dolor y la tristeza, elige su salud emocional, pero la desvinculación puede ser desafiante para la persona narcisista y podría intentar manipular, chantajear y retener a la persona empática con promesas falsas.

Capítulo 12 Recomendaciones y passos a seguir

1. Lo primero y más importante es identificar y sobre todo aceptar, que estas con una persona maltratadora, *que no va a cambiar* por más amor, paciencia y tolerancia, que le tengas

2. Estar consciente que no va a cambiar y que tu vida, tu salud mental y la de las personas que te rodean corre peligro y que tú, solamente tú, puedes tomar una determinación y salirte de esa relación toxica, apóyate en tu "circulo de confianza" Recuerda que puede ser la familia, amistades, psicólogo, el vecino, religión, etc. Es Super importante tengas este círculo de confianza

3. Haz caso de tu intuición o sexto sentido, si le pones atención, nunca se equivoca, antes de adornar y justificar sus actitudes, te darás cuenta de que la intuición es una alerta ante lo que te

conviene e inclusive ante el peligro, si sientes que algo no está bien en la relación confía en tus instintos, no ignores las señales de advertencia o *focos rojos*.

4. Por favor *busca ayuda*, acepta que hay situaciones que se nos salen de las manos, no eres más débil por pedir ayuda, acepta que no siempre podemos solos, en todos los países existen centros de apoyo para víctimas del maltrato.

5. *Escucha* consejos, si te das cuenta de que son diferentes personas que te dicen que no te conviene, que no les gusta para ti, que notan que no te trata como te mereces, etc. Siempre hay *focos rojos*, por justificar sus actitudes, o porque nos enamoramos, no queremos ver, ¡pero siempre hay que estar ⚠ alertas!

6. No quieras demostrar tu rebeldía, tu independencia, con frases como "ya soy grande para saber que decisiones tomar

"o "yo sé lo que hago "o "conozco a mi gente" o "no quiero que nadie se meta en mi relación" o "le amo y no me importa lo que digan "o "están equivocados" o "solo yo sé que pasa en mi relación" frases de este tipo son simplemente justificaciones que se hace uno mismo para no aceptar que estas en una relación toxica, que eres victim@ del maltrato

7. Por vergüenza, por no aceptar ayuda, por orgullo o simplemente porque *no sabes cómo* salir de esa situación, no estás solo, no te pasa solo a ti, en el mundo existen 736 millones de víctimas de maltrato, aunque se considera que los mayores casos han sido hacia las mujeres y las niñas (6.6%) sin embargo, el maltrato hacia los hombres es del (4.4%) datos aproximados al 2021.

8. *No temas a la soledad*, no es el mejor estadio para el ser humano ya que somos entes sociales, sin embargo, si

aprecias la paz y tranquilidad, que te puede ofrecer la soledad, poder tomar tus propias decisiones, ejercer tu libre albedrío y aceptar una persona en tu vida, no por soledad, si no en lo que te conviertes cuando estas con ella, lograras tener mejores relaciones.

9. A través de un viaje a tu interior, a tu ser, con apoyo de amigos y profesionales, te ayudaran a trabajar para *reconstruirte,* elevar tu autoestima y aprender a establecer límites saludables en futuras relaciones, aprendiendo a reconocer las señales de advertencia temprana en una dinámica similar para evitar caer en patrones destructivos nuevamente.

10. *Reconoce* tus propias necesidades emocionales y establece límites saludables en una relación, que tu respeto, felicidad y realización, se conviertan en tu principal prioridad.

11. Considera buscar terapia o asesoramiento para sanar, grupos de personas que hayan pasado por lo mismo y se apoyen entre sí.

12. Aprende a evitar *engancharte* en los juegos mentales, a reconocer tus emociones y debilidades.

13. Aprender sobre personalidades y sus características, puede ayudarte a comprender mejor tus emociones.

La sanación requiere tiempo y apoyo, buscar terapia o asesoramiento emocional, es fundamental para trabajar la autoestima, establecer límites y procesar las emociones.

También es importante rodearse de amigos y familiares, que brinden un ambiente de apoyo y comprensión.

Puede que tu no seas la victim@ es importante mantenerte alerta por si tu hij@, familiar, amig@ o vecin@ es una víctim@ y puedes ayudarle

A veces tenemos frente a nuestra cara un caso y por no prestar atención a las señales, no actuamos para ayudar a la persona, recuerda que muchas veces por vergüenza a que les digan que son tont@s no se atreven a decir nada o por temor a que la pareja lo descubra, pues están bajo amenaza constante.

¡Puedes salvar una vida!

Bibliografia que puedes consultar

Los hombres también son víctimas de violencia física y psicológica, pero las denuncias son mínimas debido a los estigmas, según los especialistas https://www.eluniverso.com/larevista/salud/los-hombres-tambien-son-victimas-de-violencia-fisica-y-psicologica-pero-las-denuncias-son-minimas-debido-a-los-estigmas-segun-los-especialistas-nota/#:~:text=La%20psic%C3%B3loga%20cl%C3%ADnica%20Katiuska%20Delgado,38%20%25%20corresponde%20a%20los%20hombres.

¿Qué es el comportamiento pasivo-agresivo? ¿Cuáles son algunos de los signos? https://www.mayoclinic.org/es/healthy-lifestyle/adult-health/expert-answers/passive-aggressive-behavior/faq-20057901#:~:text=La%20conducta%20pasivo%2Dagresiva%20es,dice%20y%20lo%20que%20hace.

Psicología y reflexiones
https://www.facebook.com/psicologiayreflexiones

psicología y mente
https://psicologiaymente.com/